Zauberhafte Hexensprüche

Karin Schramm

Zauberhafte Hexensprüche

Liebe, Glück und Freundschaft

vgs

Die Deutsche Bibliothek – CIP-Einheitsaufnahme

Schramm, Karin:
Zauberhafte Hexensprüche : Liebe, Glück und Freundschaft /
Karin Schramm. – Köln : vgs, 2000
ISBN 3-8025-2733-X

1. Auflage 2000

Lektorat: Ruth Stüber
Produktion: Angelika Rekowski
Umschlaggestaltung: Sens, Köln
Satz: TypoForum GmbH, Nassau
Druck: Pustet, Regensburg
Printed in Germany
ISBN 3-8025-2733-X
Besuchen Sie unsere Homepage im WWW:
www.vgs.de
www.vgs.TeenZone.de

Inhalt

Einleitung

Du hast dein Leben fest im Griff, meisterst deinen Alltag ohne große Probleme. Eigentlich wäre alles in schönster Ordnung, wenn es da nicht manchmal diese Situationen gäbe, wo einfach alles wie verhext zu sein scheint. Nichts gelingt dir, Menschen, denen du vertraut hast, lassen dich plötzlich im Stich . . .

Du bist wütend und enttäuscht, weißt aber nicht so recht, was du dagegen tun kannst. Du fühlst dich hilflos deinem Schicksal ausgeliefert.

Doch eigentlich passt das gar nicht zu dir. Du bist eine Kämpfernatur, lässt dich nicht so schnell unterkriegen, willst die Dinge auf keinen Fall dem Zufall überlassen. Dir ist klar: Du musst etwas unternehmen. Es soll unauffällig, aber dennoch wirkungsvoll sein.

Du willst dich vornehm im Hintergrund halten und von dort aus beobachten, wie dein Handeln Wirkung zeigt.

Deshalb findest du hier magische Zaubertipps für fast jede Gelegenheit.

Magie ist nichts, wovor du dich fürchten musst. Ganz im Gegenteil – sie wurde uns gegeben, damit wir sie nutzen, um unseren Alltag zu erleichtern.

Heute ist das Vertrauen in die Wirksamkeit von Zauberei nicht mehr weit verbreitet. Von vielen Menschen wird sie sogar belächelt. Früher war das anders. Die Menschen glaubten ganz selbstverständlich an die Existenz von Geistern. Sie lebten in viel engerer Verbindung mit der Natur als wir dies heute tun. Die Existenz von Feen und Trollen, von guten und bösen Geistern, war für sie eine ganz selbstverständliche Wahrheit. Sie brauchten keine Beweise, um an sie zu glauben.

Auch *du* kannst dich ganz einfach von der großen Wirkung überzeugen, die ein kleiner magischer Zauberspruch auf dich und dein Leben haben kann – und natürlich auf das Leben der Menschen, die dir etwas bedeuten.

Ob ein Zauber funktioniert oder nicht, hängt von vielen unterschiedlichen Dingen ab. Wichtigste Voraussetzung ist natürlich, dass du selbst an deine magischen Fähigkeiten glaubst. Doch das alleine reicht noch lange nicht aus. Bereite dich in aller Ruhe auf ein Ritual vor, nimm dir Zeit, konzentriere dich. Schaffe eine Atmosphäre, in der du dich wohlfühlst. Versuche, Ablenkungen und Störungen von vornherein auszuschließen.

Dieses Buch will dir helfen, einen kleinen Einblick in die Welt der Magie zu bekommen. Du wirst feststellen, wie schnell sie ein ganz alltäglicher Teil deines Lebens wird. Doch tue nur, was du selbst für richtig hältst. Lass dich von deinen Gefühlen leiten, aber traue dich, ein paar neue Dinge auszuprobieren.

Kleine Hexenkunde

Das Wort »Hexe« stammt aus dem germanischen Sprachgebrauch (urspr. »Hagazussa«, das heißt Zaunreiterin; so bezeichnete man bei den Germanen Waldjungfrauen, die zaubern konnten).

In den alten Kulturen waren es die Frauen, die sich gegenseitig von Generation zu Generation das geheime Wissen der »Weisen Frauen« weitererzählten. Dabei ging es darum, die heilenden Mittel der Natur zu kennen und richtig anzuwenden. Ihr Rat war begehrt und geschätzt. Sie halfen bei Geburten, spendeten Rat bei Unfruchtbarkeit und Empfängnisverhütung, verschafften Abhilfe bei ungewollter Schwangerschaft.

Doch ihr Treiben und Wirken im Verborgenen blieb nicht lange unentdeckt. Schon bald wurde ihnen von den Mächtigen dieser Zeit ein Pakt mit dem Bösen unterstellt. Man nannte sie Hexen und begann sie zu verfolgen, zu foltern und zu töten.

Mit der ersten Hexenverbrennung im Jahr 1275 in Toulouse begann ein düsteres Kapitel in der Geschichte der Menschheit. Und es dauerte lange, bis der Hexenwahn überwunden war. Fünfhundert Jahre lang wurden Menschen, die nicht der Norm entsprachen, anders aussahen als andere oder sich ungewöhnlich benahmen, rücksichtslos verfolgt. Eine Frau mit roten Haaren, eine schielende oder auch eine besonders schöne Frau gerieten schnell in den Verdacht, mit dem Bösen im Bunde zu sein. Oft genügte schon eine unbedacht ausgesprochene Äußerung, um jemanden verdächtig erscheinen zu lassen. Viele Millionen Menschen fielen dem Hexenwahn zum Opfer – meist waren es Frauen. Wenn sie nicht schon an den grausamen Foltermethoden starben, wurden sie auf dem Scheiterhaufen verbrannt.

Liebeszauber

Deine Gefühle spielen verrückt, du hast dich bis über beide Ohren verliebt. Jetzt quält dich die bange Frage: Wie sieht es mit *seinen* Gefühlen aus? Geht es ihm ebenso wie dir?

Es gibt Antworten auf deine Fragen und du kannst sie finden. Befrage das Orakel, – es wird dir den Weg weisen.

Vielleicht hast du den Mann deiner Träume ja auch schon gefunden. Leider läuft es nicht mehr so gut, wie zu Beginn eurer Freundschaft. Eure Beziehung braucht dringend etwas mehr Power, das Feuer der Leidenschaft muss neu entfacht werden. Auch dafür gibt es ein paar ganz einfache Tricks.

Oder fühlst du dich vernachlässigt, hast vielleicht sogar den Verdacht, dass dein Freund eine Neue hat? Zum Glück verfügen wir über Liebeskräuter, Tinkturen und Salben, Kerzen und Duftstäbchen. Mit ihrer Hilfe und mit dem Wissen über die richtigen Rezepturen, kannst du dein Glück bewahren, eine Pechsträhne beenden, dir Klarheit verschaffen.

Oder geht es um einen guten alten Freund. Er hat dir schon oft beigestanden, war da, wenn du jemanden brauchtest. Er hat dich getröstet, als du dich wieder einmal in den Falschen verliebt hattest.

Und nun ist etwas Merkwürdiges passiert. Du wirst nervös, wenn du ihn siehst, vermisst ihn, wenn er nicht da ist. Du musst dir eingestehen: Es ist nicht mehr länger nur seine Freundschaft, die du dir wünschst – du hast dich verliebt. Auch dies ist *keine* aussichtslose Situation.

Zauberhafte Liebesmittel und etwas wohlgewählte Magie können da schon eine ganze Menge bewirken. Nichts ist unmöglich!

Du fühlst dich von deinem Freund vernachlässigt

Dein Freund treibt sich nächtelang mit irgendwelchen Freunden herum, doch wenn du dich mit ihm verabreden willst, hat er keine Zeit. Er ist ständig auf Achse, sprüht nur so vor Energie.

Was du brauchst:
eine tote Fliege
eine tote Spinne
eine flache, rote Schachtel
deinen Lieblingsstein

Nimm eine tote Fliege, eine tote Spinne, und deinen ganz persönlichen Lieblingsstein.

Lege diese drei Dinge in eine flache Schachtel und schiebe diese in einem unbemerkten Augenblick unter sein Kopfkissen.

Von nun an wird er nachts nicht mehr schlafen können. Du kannst dich freuen: Er wird viel zu müde und geschwächt sein, um an anstrengende Dates auch nur denken zu können. Umsorge und pflege ihn – er wird es zu schätzen wissen.

Treuebruch

Dein Freund hat dich mit einer anderen betrogen. Dein Herz ist gebrochen, doch auch deine Eitelkeit ist verletzt. Du sinnst auf Rache. Nur ein einziger Gedanke hält dich noch aufrecht: Er soll ebenso leiden wie du. Deine Schmerzen sollen zu seinen werden.

Was du brauchst:
deine Lieblingskerze
eine Nadel

Ziehe die Vorhänge in deinem Zimmer zu.

Suche eine Kerze aus, die dir besonders gut gefällt, von der du aber nun bereit bist, dich zu trennen. Zünde sie um Mitternacht an.

Nimm eine Nadel und stich damit mehrmals in die Kerze hinein.
Sprich dabei folgende Worte:

»So wie diese Kerze hier, steche ich dich.
Breche dein Herz, du sollst unglücklich sein.«

Er wird schmerzlich bereuen, was er dir angetan hat.

Geschichte

Den Anstoß zu den grausamen Hexenverfolgungen gab Papst Innozenz VIII (1484-1492) mit der berüchtigten Hexenbulle.

Erklärung: Die sog. »Hexenbulle« war ein Schriftstück, das die genauen Regeln zur Hexenverfolgung enthielt.

Zauber, um deinen Lover vor Untreue zu bewahren

Du bist bis über beide Ohren verliebt, hast deinen absoluten Traumtypen gefunden. Alles könnte so schön sein, wenn da nicht diese quälende Angst wäre, die dich immer wieder befällt. Der Gedanke daran, dass er eine andere Frau attraktiver findet, dich hintergeht und heimlich betrügt, ist dir unerträglich.

Außerdem kennst du ihn noch gar nicht lange. Wer weiß, was er an all den Abenden treibt, an denen er keine Zeit für dich hat.

Spätestens, wenn deine Fantasien an diesem Punkt angelangt sind, solltest du etwas unternehmen. Mit solchen Gedanken vergeudest du viel zu viel Energie.

Dieser Zauber wird dir die Kraft geben, dich von deinen Ängsten zu befreien. Und danach wird dein Freund nicht im Traum daran denken, dich mit einer anderen Frau zu betrügen.

Was du brauchst:
einen Esslöffel getrocknete Lindenblüten
Basilikum
Thymian
ein Lorbeerblatt
die Blätter einer Rose
Streichhölzer
eine weiße Kerze
eine rote Kerze

Zünde zuerst die rote Kerze an, dann die weiße. Schließe die Augen und konzentriere dich auf deinen Wunsch: Dieser Lover soll dir ewig treu bleiben – oder zumindest solange, wie du es möchtest.

Verbrenne jeden Abend vor dem Schlafengehen die Kräutermischung über der weißen Kerze. Besonders wirkungsvoll ist dieser Zauber, wenn du die getrockneten Kräuter zwischen deinen Handflächen zerreibst, bevor du sie der Flamme übergibst. Der Duft ihrer ätherischen Öle wird frei. Schließe die Augen und atme ihn tief ein

Stelle dir das Gesicht deines Lovers vor und sprich folgende Worte:

»Nur mit dir allein, für immer will ich sein.«

Solange dein Freund mit diesem Zauber behaftet ist, wird er sich für keine andere Frau interessieren.

Einen Lover zurückgewinnen

Erst ist es die große Liebe – und dann urplötzlich ist es vorbei. Du weißt selbst nicht mehr, wie es dazu kommen konnte. Denn eigentlich wart ihr ein Herz und eine Seele – ein absolutes Traumpaar. Doch es gab Streit, jeder von euch beiden hat sich schmollend in seinen Winkel verzogen.

Eine Entschuldigung wäre zwar möglich gewesen, doch du wolltest auf keinen Fall diejenige sein, die klein beigibt. Ihr habt nicht mehr miteinander telefoniert, der Kontakt ist ganz abgerissen und nun habt ihr euch aus den Augen verloren.

Doch in letzter Zeit ertappst du dich immer wieder dabei, dass du an deinen Lover denkst. Ihr hattet eine schöne Zeit miteinander und eigentlich ist es schade, dass es nun vorüber ist. Aber vielleicht ist ja noch nicht alles verloren. Vielleicht kannst du ihn zurückgewinnen.

Was du brauchst:
ein Blatt Papier
einen roten Lippenstift
eine weiße Kerze

Stelle die weiße Kerze links neben dich und zünde sie an.

Schreibe deinen Vornamen und den deines Lovers mit dem Lippenstift auf das Stück Papier. Rahme sie mit einem schönen, großen Herzen ein.

Schließe die Augen und sprich folgende Worte halblaut vor dich hin:

»Unser Schicksal ist besiegelt. Wir sind eins und niemand kann uns jemals wieder trennen.«

Schneide das Herz aus und lege es unter dein Kopfkissen.

Es wird nicht lange dauern und dein Lover wird vor deiner Tür stehen, um dich reumütig um Verzeihung zu bitten – und um eine zweite Chance.

Den Anruf deines Lovers bewirken

Am Anfang, als ihr euch gerade kennen gelernt hattet, war alles ganz anders. Da rief dich dein Freund mehrmals am Tag an, wollte wissen, wie es dir geht, oder einfach nur deine Stimme hören.

In letzter Zeit jedoch fühlst du dich oft vernachlässigt, hast das Gefühl, dass er sich immer seltener bei dir meldet. Jetzt bist *du* diejenige, die anruft, weil du es einfach nicht aushältst, auf seine Anrufe zu warten. Natürlich fühlst du dich ziemlich mies dabei, denn du wirst den Eindruck nicht los, dass er sich gar nicht mehr richtig für dich interessiert.

Doch sei unbesorgt, das nächste Mal wird er bei dir anklingeln – und zwar genau dann, wenn du es möchtest. Dafür gibt es einen sehr wirkungsvollen Zauber. Dein Lover wird dich aus heiterem Himmel anrufen oder sogar bei dir vor der Türe stehen.

Was du brauchst:

ein Foto von ihm
ein Foto von dir selbst
einige Büroklammern
zwei rote Kerzen

Am günstigsten ist es, wenn du diesen Zauber zu Vollmond zelebrierst. Wenn du jedoch nicht so lange warten möchtest, kannst du es auch vorher versuchen.

Stelle eine der beiden Kerzen an deine linke, die andere an deine rechte Seite. Zünde zuerst die rechte Kerze an und denke dabei ganz fest an deinen Freund. Schaue einige Sekunden in die Flamme und versuche dir seine Gesichtszüge vorzustellen.

Zünde nun die linke Kerze an. Sie symbolisiert dich und deine Liebe zu ihm.

Lege die beiden Fotos so aufeinander, dass Gesicht auf Gesicht liegt. Sein Foto sollte unten liegen, deines darauf. Stecke die beiden Fotos mit den Büroklammern fest zusammen, sodass sie nicht verrutschen können.

Lasse einen Tropfen der linken und einen der rechten Kerze auf die beiden Fotos fallen. Warte, bis das Wachs getrocknet ist.

Lege die beiden Fotos in die unterste Schublade deines Kleiderschrankes. Es wird nicht mehr lange dauern und dein Telefon wird klingeln ...

Geschichte

Die Dominikaner-Inquisitoren Heinrich Institoris und Jakob Sprenger sind die Urheber eines Machwerkes, das den Titel »Hexenhammer« trägt. Darin geben sie vor, die Existenz der »Hexen« mit »wissenschaftlichen« Kriterien zu »beweisen«. Sie beschreiben typische Erkennungsmerkmale und nennen Mittel und Wege, wie man Verdächtige zu einem Schuldbekenntnis bringen kann.

Versöhnung nach einem Streit

Du hattest dich so auf diesen Abend gefreut, alles schon genau geplant und vorbereitet. Es sollte ein richtiges Fest werden, doch dann kam alles ganz anders. Ein Wort gab das andere und plötzlich wart ihr mitten im dicksten Streit.

Eure Verabredung endete damit, dass *er* wütend aus deiner Wohnung rannte.

Jetzt bist du am Boden zerstört und weißt nicht, was du machen sollst. Du willst ihm nicht hinterher rennen, aber verlieren möchtest du ihn noch viel weniger.

Es gibt etwas, was du tun kannst, um ihn zurückzuholen, ganz ohne ihn merken zu lassen, dass es die Kraft deines Wunsches ist, durch den er sich magisch zu dir hingezogen fühlt.

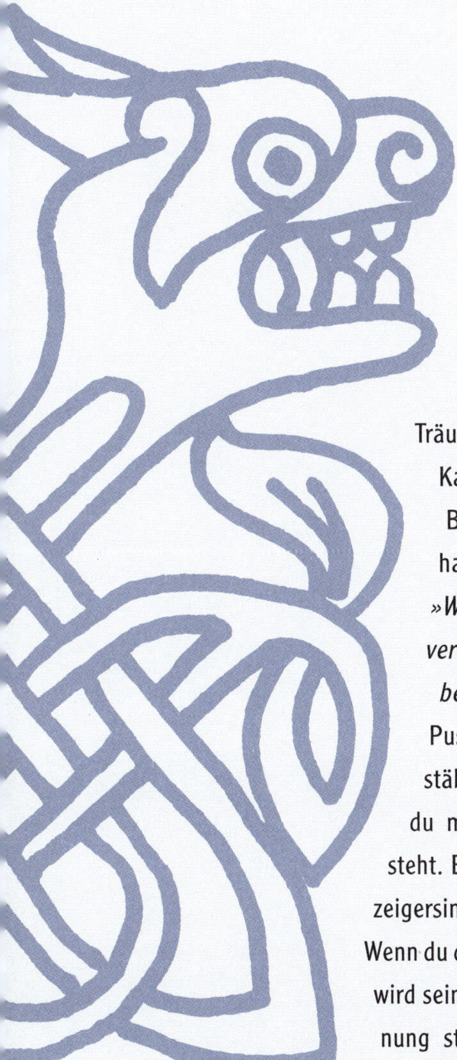

Was du brauchst:

Getrocknete Kamillenblüten
Weihrauchöl
vier Räucherstäbchen

Stelle an jeder Ecke deines Bettes ein Räucherstäbchen auf und zünde eins nach dem anderen an. Träufle einige Tropfen des Öls über die Kamillenblüten und streue sie um das Bett. Sprich dabei folgende Worte halblaut vor dich hin:

»Wütende Seele, schmerzendes Herz, verwandelt euch zu unschuldigen Tauben des Friedens.«

Puste nacheinander die vier Räucherstäbchen aus. Dabei ist es wichtig, dass du mit dem beginnst, das vorne links steht. Es folgen die restlichen drei im Uhrzeigersinn.

Wenn du deinen Lover das nächste Mal siehst, wird sein Zorn verraucht sein. Einer Versöhnung steht nichts mehr im Wege – vorausgesetzt natürlich, auch *du* zeigst dich von deiner besten Seite.

Einen geliebten Menschen festhalten

In letzter Zeit hat es zwischen dir und deinem Freund gewaltig gekracht. Aber du liebst ihn noch immer und möchtest ihn nicht verlieren.

Doch du hast das Gefühl, dass er sich bereits von dir zurückzieht. Immer öfter reichen Kleinigkeiten und schon ist es mit der Harmonie vorbei.

Versuche gelassener zu werden, nicht immer direkt in die Luft zu gehen. Allerdings ist das nicht das Einzige, was du tun kannst.

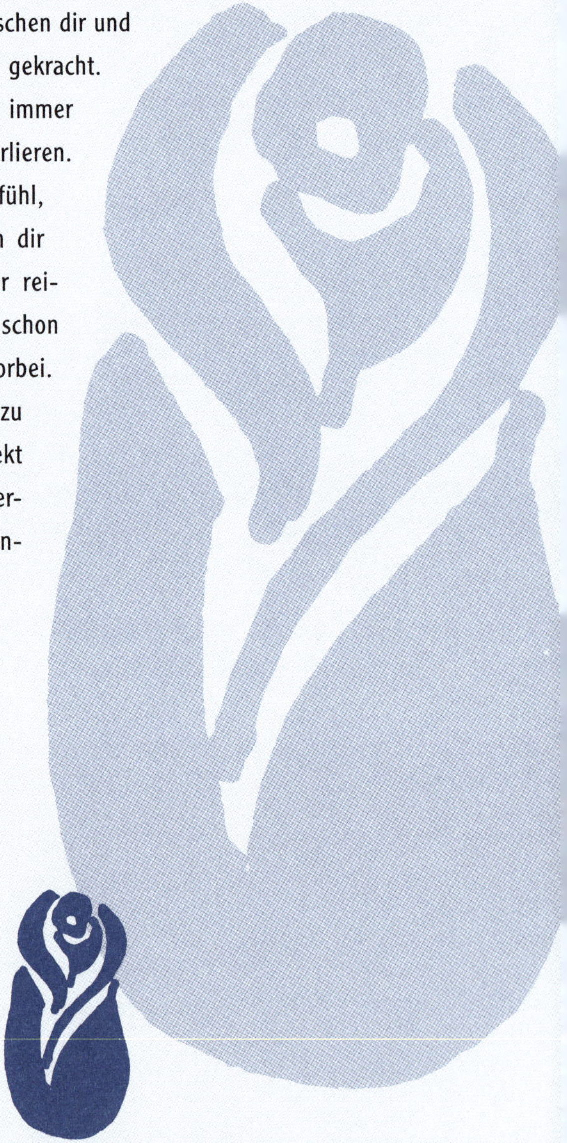

Was du brauchst:
ein Foto von deinem Freund
eine Rose
eine rote Kerze

Setzte dich auf den Boden und lege das Foto vor dich hin.

Nimm die Rose und zupfe die Blütenblätter vorsichtig ab. Streue sie um das Foto herum. Lege zwei Blütenblätter übereinander in die Mitte des Fotos.

Zünde die Kerze an und lasse einige Wachstropfen auf die Blütenblätter fallen.

Sage in ein paar kurzen Sätzen, was du dir von deinem Freund wünschst.

Schließe die Augen und puste die Kerze wieder aus.

Bleibe noch etwa zehn Minuten sitzen und denke ganz fest an die Sätze, die du gesagt hast.

In den nächsten Tagen wirst du merken, dass dein Freund wieder viel netter zu dir ist. Er wird dich endlich wieder mit Aufmerksamkeit und Komplimenten verwöhnen.

Geschichte

Den Höhepunkt des Hexenwahns erlebte Deutschland in der ersten Hälfte des 17. Jahrhunderts. Die letzte deutsche »Hexe« starb wegen angeblicher Teufelsbuhlschaft (Buhlschaft = Bund mit dem Teufel) am 11. April 1775 auf der Schwaigwiese in Kempten, wo sie zuerst enthauptet und dann verbrannt wurde.

Die Aufmerksamkeit deines Traumtypen auf dich lenken

Er ist dir sofort aufgefallen, als du ihn das allererste Mal gesehen hast. Weil du ihn unbedingt kennen lernen wolltest, hast du bereits alle Register deiner Verführungskunst gezogen – leider vergeblich. Er scheint dich gar nicht zu bemerken. Kein Grund zur Sorge – es gibt Mittel und Wege, die sicher ans Ziel führen . . .

Was du brauchst:
Rosenblüten
Rosenöl
Räucherstäbchen
ein Haar von deinem Traumtypen

Sicherlich wird es nicht ganz einfach sein, ein Haar von deinem Schwarm zu bekommen. Vielleicht kann dir eine Freundin helfen oder jemand, der ihn kennt, denn für diesen magischen Zauber ist sein Haar absolut unentbehrlich.

Zünde die Räucherstäbchen an und verteile die Rosenblüten um sie herum. Beträufel sie mit etwas Rosenöl, damit ihr betörender Duft noch intensiver wird.

Schließe die Augen und denke ganz fest an deinen Traumtypen, denn *er* ist es schließlich, der in den Bann des Duftes geraten soll.

Halte nun das Haar an die glühende Spitze des Räucherstäbchens. Lasse es langsam ganz verbrennen.

Die Gleichgültigkeit deines Traumtypen wird sich in glühende Leidenschaft verwandeln. Schon bald wird er versuchen, dich kennen zu lernen.

Ein Liebestrank, der hält, was er verspricht

Das Praktische an diesem Liebestrank ist, dass seine Zubereitung ebenso einfach wie wirkungsvoll ist. Außerdem kannst du ihn in einem kleinen Fläschchen immer mit dir herumtragen und bei passender Gelegenheit ein paar Tröpfchen davon in das Glas deines jeweiligen Auserwählten träufeln.

Was du brauchst:
eine Prise Salz
zwölf Apfelkerne
einen halben Liter Rotwein

Gib Salz und die Apfelkerne in einen Mörser und zerkleinere sie. Wenn du keinen Mörser hast, tun es auch eine Glasschüssel und ein Löffel zum Zerstoßen der Zutaten

Erhitze den Rotwein bis er kocht.

Füge die übrigen Zutaten bei und lasse das Ganze auf kleiner Flamme weiterköcheln, bis die Hälfte der Flüssigkeit verkocht ist.

Lasse den Rest langsam abkühlen und fülle ihn dann in dein Zauberfläschchen.

So stellst du fest, ob es jemand ernst mit dir meint

Seit einiger Zeit gibt es da einen Typen, mit dem du dich ab und zu triffst. Ihr habt euch immer gut verstanden und du findest ihn wirklich sehr nett.

Ein bisschen hattest du dich schon in ihn verliebt, doch dann hast du ihn mit einer anderen Frau gesehen – und bist völlig verwirrt: Hat er nur mit deinen Gefühlen gespielt?

Du traust dich nicht, ihn zu fragen, denn dann müsstest du ja zugeben, wie gut er dir gefällt. Glücklicherweise stehen dir andere Mittel zur Verfügung.

Was du brauchst:
einige Gänseblümchen
zwei Schälchen mit Wasser
vier weiße Kerzen
Sandelholzöl

Reibe die Kerzen mit dem Sandelholzöl ein und baue sie in einem Viereck vor dir auf.

Stelle die Wasserschälchen in die Mitte des Vierecks.

Zupfe von den Gänseblümchen die Blütenblätter ab und lasse sie in die Wasserschälchen fallen.

Sprich dabei folgende Worte:

»Er liebt mich, er liebt mich nicht! Möge das Licht der Wahrheit meine Gedanken erhellen.«

Zünde die Kerzen an und schließe die Augen. Bleibe etwa fünf Minuten sitzen. Konzentriere dich voll und ganz auf deine Frage.

Innerhalb der nächsten sieben Tage wird dein Freund dir ein eindeutiges Zeichen geben, wie ernst es ihm mit dir wirklich ist.

Geschichte

Die Hexenverfolgung entvölkerte ganze Landstriche. Sie forderte mehr Opfer als alle zur damaligen Zeit geführten Kriege.

So wirst du eine Konkurrentin los

Du hast nur noch Augen für ihn, doch er schielt immer wieder nach anderen Frauen. Das macht dich rasend, deine Eifersucht bringt dich fast um.

Und gerade in letzter Zeit hast du ihn ein paar Mal mit einer anderen Frau gesehen. Er lächelte sie an, schien glücklich zu sein. Deine Fantasie ging mit dir durch. Du kannst es einfach nicht ertragen. Diese andere Frau *muss* verschwinden – dafür wirst du sorgen, dank etwas magischer Unterstützung.

Was du brauchst:
eine blaue Kerze
ein scharfes Messer

Ritze mit dem Messer den Namen deiner Konkurrentin in die Kerze ein.

Zünde die Kerze an und sprich folgende Worte:

»Schmelze dahin, Verlockung. Löse dich in Luft auf. Hinterlasse Eintracht und Frieden.«

Dein Freund wird nur noch Augen für dich haben. Falls er sich tatsächlich auf die andere eingelassen hatte, wird er reumütig zu dir zurückkehren und dir seine Liebe gestehen.

So kannst du Liebeskummer überwinden

Du hast geglaubt, dieser Mann ist deine große Liebe – und dann war plötzlich alles aus. Du kannst es noch immer nicht fassen, bist total verzweifelt. Doch mit magischer Hilfe wirst du nicht lange hinter ihm hertrauern.

Was du brauchst:
eine gelbe Kerze
eine grüne Kerze
grüne Tinte
einen Bogen Papier
einige Tropfen Nelkenöl
einige Tropfen Sandelholzöl
eine feuerfeste Schale

Zünde zuerst die gelbe Kerze an.

Schreibe mit der grünen Tinte alle Dinge, mit denen er dich verletzt hat, auf das Blatt Papier.

Träufle einige Tropfen der Duftöle darüber.

Zünde nun die grüne Kerze an. Stelle sie in eine feuerfeste Schale.

Zerreiße das Blatt Papier und verbrenne die einzelnen Stücke in der Flamme der grünen Kerze.

Schon bald wirst du dich wieder frei und ungebunden fühlen. Deine Traurigkeit verschwindet und du bist wieder bereit für eine neue Liebe.

Freundschaftszauber

Deine Freunde sind so ziemlich das Wichtigste in deinem Leben. Sie sind mit dir schon durch dick und dünn gegangen, haben dich getröstet, wenn du Liebeskummer hattest, haben dir geholfen, wenn du einfach nicht mehr weiter wusstest.

Mit ihnen konntest du über all deine kleinen Geheimnisse reden, über die Dinge, die du deinen Eltern lieber nicht anvertrauen wolltest . . .

Doch nun belasten Missverständnisse die Freundschaft. Es hat Streit gegeben und keiner möchte den ersten Schritt zu einer Versöhnung machen.

Aber eines ist dir klar: Du möchtest keinen deiner Freunde verlieren. Ganz im Gegenteil: Dein Wunsch ist es, die Freundschaft noch tiefer werden zu lassen, nichts soll euch jemals auseinander bringen.

Natürlich ist das nicht ganz einfach. Freundschaften wollen gepflegt werden und müssen oft sogar schlimme Krisen überstehen, um danach noch intensiver zu werden. Menschen verändern sich und somit sind auch die Beziehungen zueinander einem steten Wandel unterworfen.

Wie gut, dass es da ein paar hilfreiche Zaubersprüche gibt, die dir helfen werden, den Kontakt zu deinen Freunden nicht abreißen zu lassen.

Doch natürlich solltest du dich nicht allein auf Zauberformeln verlassen. Echte Freundschaften sind kostbar. Greife nur zu diesem Mittel, wenn du alle anderen Möglichkeiten erfolglos ausprobiert hast.

Zauber gegen üble Nachrede und Klatsch

Du bist ganz sicher, dass irgendjemand Lügen über dich verbreitet und dir dadurch bei den Menschen, die dir etwas bedeuten, schadet. Sie sind verunsichert, haben plötzlich nicht mehr so viel Zeit für dich wie früher. Du spürst es ganz genau: Wenn du sie wegen der dummen Geschichten, die erzählt werden, nicht verlieren willst, musst du etwas unternehmen.

Was du brauchst:
Nelkenpulver
ein kleines Stück weißes Papier
einen Füller mit roter Tinte

Schreibe den Namen der Person, die über dich klatscht, neunmal rückwärts auf ein kleines Stück Papier. Wenn du nicht weißt, wer hinter den Gerüchten steckt, schreibe: *»Wer immer über mich Klatsch verbreitet.«*

Lege das Stück Papier an einen Ort, wo du es jeden Tag sehen kannst, aber niemand sonst es entdeckt.

Verbrenne einmal morgens und abends ein wenig von dem Nelkenpulver. Wirf die Asche anschließend in ein fließendes Gewässer.

Der Klatsch wird entweder aufhören oder aber niemand schenkt ihm mehr Gehör.

Geschichte

Die Aufnahme einer neuen Hexe in einen Hexenzirkel wurde Initiation genannt. Man beging dieses Ereignis mit geheimnisvollen Ritualen.

Zauber gegen Streit und Zorn

Du kennst sie schon ewig. Deine beiden besten Freundinnen sind von ihrer Art her zwar sehr unterschiedlich, trotzdem magst du beide sehr gern. Doch nun haben sie sich gestritten, sprechen kein Wort mehr miteinander. Und du stehst hilflos daneben und weißt nicht, was du tun kannst, um die beiden Streithähne wieder zu versöhnen.

Doch zum Glück muss das nicht so bleiben.

Was du brauchst:
Eisenkraut
eine halbe Flasche Rotwein

Miss einen Teelöffel des Eisenkrauts ab und gib es in eine halbe Flasche mit Wein.

Lass es dort sieben Tage lang einweichen.

Schütte den Wein vorsichtig ab und fülle ihn in ein verschließbares Gefäß.

Sorge dafür, dass die beiden Menschen, die im Streit miteinander liegen, etwas von diesem Gebräu trinken: Gib einen Tropfen in eine Tasse Kaffe oder Tee, in ein Glas Limonade oder was immer sich gerade anbietet.

Schon bald werden sich die Meinungsverschiedenheiten zwischen deinen Freundinnen in Luft auflösen.

So gewinnst du einen verlorenen Freund zurück

Es war lediglich ein dummes Missverständnis. Doch nach diesem Streit war nichts mehr so wie zuvor. Dein Freund geht dir aus dem Weg und spricht kaum noch ein Wort mit dir.

Und wenn du ehrlich bist, hast auch du dich nur ziemlich halbherzig darum bemüht, die dicke Luft zwischen euch beiden wieder zu bereinigen. Dein Stolz ist verletzt. Eigentlich hattest du erwartet, dass er sich bei dir entschuldigt, doch das hat er nicht getan.

Mittlerweile ist einige Zeit vergangen, deine Wut ist verraucht, von deinem Zorn ist nichts mehr übrig geblieben. Jetzt bist du nur noch traurig und du vermisst ihn.

Nun möchtest du alles tun, um ihn zurückzugewinnen. Natürlich musst du auf deinen Freund zugehen, ihm zeigen, wie viel er dir bedeutet – und dass es dir wirklich Leid tut. Aber für ein bisschen zauberhafte Unterstützung kannst du trotzdem sorgen. Dein Freund wird sich der Wirkung deiner Argumente nicht entziehen können.

Was du brauchst:
eine ungeschälte Zwiebel
sieben Stecknadeln
zwei weiße Kerzen

Wenn du sicher gehen willst, dass dieser Zauber seine volle Wirkung entfacht, solltest du ihn an einem Freitag zelebrieren, weil Freitag der Tag mit der magischsten Wirkung für Freundschaftsrituale ist:

Setze dich auf den Boden, mache es dir bequem. Wenn du den Zauber noch zusätzlich verstärken möchtest, dann stelle rechts und links neben dir jeweils eine weiße Kerze auf und zünde sie an.

Schließe die Augen und denke ganz fest an deinen Freund. Konzentriere dich auf sein Gesicht und stelle es dir möglichst genau vor.

Stecke eine der Stecknadeln in die Zwiebel und sprich halblaut folgende Worte vor dich hin:

»*Nicht in die Zwiebel*
will ich stechen,
sondern in dein Herz hinein.
Tag und Nacht denke ich an dich,
verzeih mir meinen Stolz.«

Wiederhole diese Worte siebenmal. Blase dann mit geschlossenen Augen die beiden Kerzen aus.

Du musst diesen Zauber an sieben aufeinander folgenden Freitagen wiederholen. Wenn alle sieben Nadeln in der Zwiebel stecken, wird dein Freund zu dir kommen und um Versöhnung bitten.

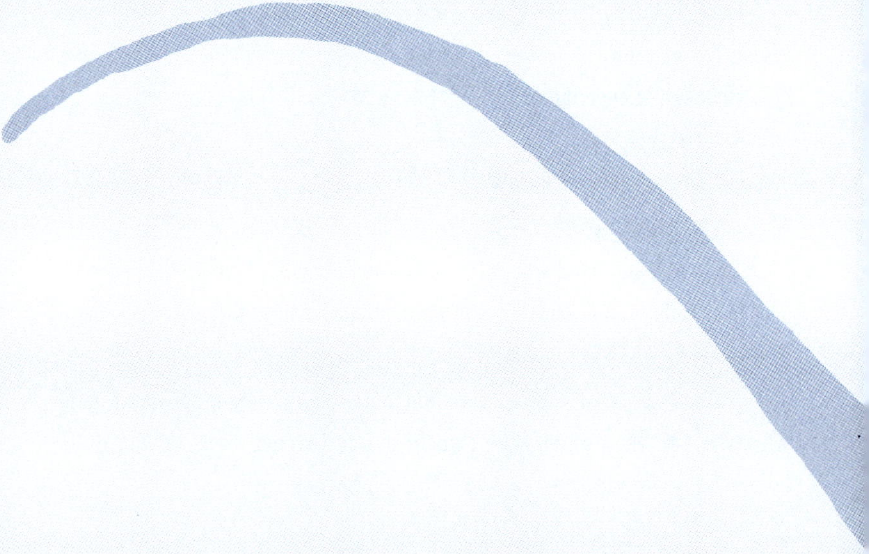

Glück

In letzter Zeit läuft einfach alles schief. Was immer du auch anfasst – es will dir nicht gelingen. Aus irgendeinem Grund ziehst du ständig den Kürzeren. Es ist wie verhext.

Doch du bist nicht länger bereit, das widerstandslos hinzunehmen. Es ist höchste Zeit, dass deine Pechsträhne endlich ein Ende nimmt. Aber das ist leichter gesagt als getan.

Du hast schon fast alles probiert, leider blieben all deine Bemühungen erfolglos.

Mit ein paar kleinen Tricks und dem Wissen, was wann und wie zu tun ist, wird das Glück schon bald wieder dein treuer Begleiter sein.

Sich einen Wunsch erfüllen

Du wirst den Gedanken an eine bestimmte Sache, an einen besonderen Menschen, einfach nicht los. Mit jeder Faser deines Körpers spürst du es, dieser Wunsch liegt dir wirklich am Herzen. Du würdest – fast – alles tun, um ihn Wirklichkeit werden zu lassen.

Was du brauchst:
ein Stück Papier
eine weiße Kerze

Du musst ein wenig Geduld haben. Warte ab, bis Neumond ist. Lege das Blatt Papier vor dich auf den Tisch, streiche es sorgfältig glatt. Schreibe deinen Wunsch gut leserlich darauf nieder.

Zünde die weiße Kerze an. Es ist wichtig, dass sie noch niemals zuvor gebrannt hat.

Schalte alle übrigen Lichter aus, damit du das Licht der Kerze besser wahrnimmst. Konzentriere dich auf die flackernde, kleine Flamme.

Stelle dir vor, wie sich dein Wunsch erfüllt. Male es dir in allen Einzelheiten aus.

Sprich dann folgende Worte mit geschlossenen Augen:

»Möge heute Nacht, wenn ich schlafe, die göttliche Macht der Liebe und des Lichts meinen Wunsch erfüllen.«

Halte das Stück Papier in die Flamme und lasse es langsam verbrennen.

Warte ab, bis auch die Kerze ganz heruntergebrannt ist. Dein Wunsch wird in Erfüllung gehen.

Einen Gegenstand zurückbekommen

Eigentlich ist er gar nicht viel wert, doch du hängst an ihm. Vielleicht verbindest du auch viele Erinnerungen mit diesem Gegenstand, denn er war ein Geschenk von jemandem, der dir sehr viel bedeutet hat. – Egal was es ist, fest steht: Du möchtest das Objekt deiner Begierde zurückhaben, da verstehst du keinen Spaß. – Und das ist schließlich auch dein gutes Recht.

Was du brauchst:
einen Eisennagel

Wähle für diesen Zauber einen Tag oder eine Nacht, in der du ungestört bist.

Schließe die Augen und stelle dir den Gegenstand vor, den du zurückbekommen willst. Halte währenddessen einen Eisennagel in deiner linken Hand.

Lege den Nagel auf ein Fensterbrett. Er sollte in die Himmelsrichtung zeigen, in der du die Person vermutest, von der du glaubst, dass sie dir den entsprechenden Gegenstand weggenommen hat.

Wünsche ihn dir zurück, sooft du den Nagel auf dem Fensterbrett anschaust.

Es wird nicht lange dauern und du wirst den Gegenstand zurückerhalten. Wenn er dir nicht persönlich übergeben werden sollte, so wird er urplötzlich in deiner Nähe auftauchen.

Sich das Schicksal gewogen machen

Du fühlst dich schlapp und kraftlos. Was du jetzt am nötigsten brauchst, ist ein gehöriger Energieschub, denn alles, was du sonst mit Links erledigt hast, fällt dir zur Zeit unerträglich schwer.

Und dann sind da noch all diese lästigen kleinen Missgeschicke, die dir ständig widerfahren. Du hast das Gefühl, vom Pech verfolgt zu sein. Aber das muss nicht so bleiben. Du selbst kannst dein Schicksal zum Guten beeinflussen, musst nicht alles dem Zufall überlassen.

Was du brauchst:
eine weiße Kerze
ein Wörterbuch

Zünde die weiße Kerze an und lege das Wörterbuch griffbereit neben dich. Setze dich hin und mache es dir bequem.

Drehe das Wörterbuch mehrere Male im Kreis und öffne es dann. Es ist wichtig, dass du nicht siehst, wo du es aufschlägst. Blättere das Buch mit geschlossenen Augen durch, bis du das Gefühl hast, anhalten zu müssen.

Lass deinen Zeigefinger mit geschlossenen Augen über die von dir ausgewählte Seite gleiten, bis du glaubst, an der richtigen Stelle angekommen zu sein.

Öffne die Augen und lies das Wort, auf das dein Zeigefinger deutet. Sprich es dreimal laut aus. Es ist dein Zauberwort, dein Glückswort.

Immer wenn du in einer schwierigen Situation bist oder das Gefühl hast, auf keinen Fall einen Fehler machen zu dürfen, erinnere dich an dieses Wort, sprich es nach Möglichkeit laut aus. Sollte dies aus irgendwelchen Gründen nicht möglich sein, schreibe es mehrmals auf ein Stück Papier.

Du wirst feststellen, dass das Glück dein Freund ist. Es wird dir folgen und überall begegnen, wo du es gar nicht erwartest. Alle negativen Schwingungen werden von dir abfallen, als hätten sie niemals existiert.

Geschichte

Das Knüpfen von Knoten zu einem bestimmten, magischen Zweck galt lange Zeit als wichtige Fertigkeit einer Hexe. Die komplizierte Verwobenheit eines gut geknüpften Knotens sei in der Lage, Dämonen in Entzücken zu versetzten und gnädig zu stimmen – so glaubte man.

Glückssteine, Talismane, Traumkissen

Du hast beschlossen, dein Geschick nicht dem Zufall zu überlassen. Schließlich gibt es viele Möglichkeiten, den Lauf der Dinge nach deinen Wünschen zu beeinflussen, Fortuna ein wenig auf die Sprünge zu helfen.

Doch das alleine reicht dir noch nicht aus. Du möchtest sichergehen, dass dir das Glück gewogen ist – und es auch bleibt. Gefahren sollen spurlos an dir vorbeiziehen, schlechte Einflüsse an dir abgleiten, ohne dass du sie überhaupt bemerkst. Und ein ganz privater Schutzengel wäre auch nicht schlecht . . .

Kein Problem: Wenn du weißt, was gut für dich ist, womit du dir Kraft und Einsicht verschaffen kannst, dann ist das Schwierigste schon geschafft. Ab sofort hast du nur noch die Qual der Wahl.

Geschichte

Das Verwenden von Talismanen und Amuletten ist ein uralter Brauch. Schon im Mittelalter war in Europa das Tragen von Glückssteinen beliebt und verbreitet. Die Mode, wie man sie trug – ob als Ring oder Kettenanhänger, wandelte sich. Doch das Wissen über die Bedeutung der Steine blieb, ebenso wie die Kenntnis der besonderen Kräfte, die man den einzelnen Steinen zusprach. Denn jeder von ihnen besitzt einzigartige Eigenschaften.

Talismane ziehen Gutes an, fördern und verstärken die Energie, erhöhen die Ausstrahlung und die persönliche Anziehungskraft.

Ein Talisman gegen das Böse

Wer wünscht sich das nicht! Du kannst dir diesen Talisman ganz einfach selbst basteln. Doch trage ihn immer bei dir, am besten direkt auf der Haut und in der Nähe des Herzens. Dann wird er seine volle Wirkung entfalten. Außerdem ist dieser Glücksbringer ein ideales Geschenk für einen guten Freund oder eine Freundin.

Was du brauchst:
roten Stoff
blaues Band
eine Feder
einen Nagel
ein Gummiband
eine Glasmurmel oder einen Glücks-Edelstein deiner Wahl
Salz

Nähe aus dem roten Stoff einen kleinen Beutel. Größe und Form spielen keine Rolle.

Lege die Feder, den Nagel, das Gummiband und die Glasmurmel hinein.

Schließe die Augen und konzentriere dich auf deinen größten Wunsch und auf deine größte Angst.

Streue langsam etwas Salz über die Sachen in dem Säckchen. Du musst die Augen jedoch unbedingt geschlossen halten. Achte darauf, dass du kein Salz daneben streust.

Öffne die Augen nun wieder und binde das Säckchen mit dem blauen Band fest zu.

Trage deinen Talisman immer bei dir – nur dann kann er dich beschützen. Am stärksten ist seine Wirkung, wenn du ihn auf der Haut trägst – in der Nähe deines Herzens. Du kannst ihn an einer Kette oder einem Lederband um den Hals tragen.

Geschichte

Mit Hilfe des »Bösen Blicks« konnte eine Person oder ein Tier verhext werden – so glaubte man jedenfalls. In den vergangenen Jahrhunderten war die Macht dieses Blicks sehr gefürchtet. Hexen wurden häufig beschuldigt, durch unheilvolles Anstarren Verletzungen oder gar den Tod eines Menschen hervorgerufen zu haben.

Kleines Lexikon der Glückssteine – die geheime Kraft der Edelsteine und Kristalle:

Achat

bringt Erfolg und Glück, hilft, Hass zu überwinden, Misstrauen abzubauen

Amethyst

mildert Stress, zieht das Glück an, stärkt das Verantwortungsgefühl. Ist ideal für Menschen, denen ihre persönliche Freiheit und Ungebundenheit über alles geht.

Aquamarin

bewahrt vor übertriebenem Enthusiasmus, hilft bei Erschöpfung und Mutlosigkeit

Argonit

bewahrt vor Hilflosigkeit

Aventurin

bringt Kreativität zur Entfaltung, schützt vor Hochmut und falschem Stolz

Azurit

hilft, die Dinge in den Griff zu kriegen, Selbstdisziplin zu üben

Bergkristall

schenkt Klarheit und Mut

Bernstein

spendet Trost und Wärme, gibt neuen Lebensmut

Beryll

bewahrt vor mangelndem Selbstwertgefühl

Blutstein

besitzt heilende Kräfte, reinigende Energie

Calcit

verhindert ein Verfallen in starre Lebensformen, in abgestumpfte Routine

Chrysokoll

bewahrt vor Arroganz und Egoismus

Chrysopras

verstärkt Unternehmungslust, macht experimentierfreudig

Diamant

schenkt Erfolg, hilft, ein gestecktes Ziel zu erreichen

Dioptas
stärkt die Gefühle

Dolomit
verschafft Ideenreichtum und Fantasie

Fluorit
unterstützt spirituelles Wachstum, ist ein idealer Traumstein

Grossular
hilft, Freundschaften zu schließen

Hämatit
vertreibt Krankheit aus dem Körper, schenkt Kraft

Heliotrop
bewahrt vor falschen Freunden

Jade
unterstützt Heilung, bringt Überfluss und Reichtum

Labradorit
bewahrt vor zu hohen Erwartungen

Lapislazuli
verstärkt Mitgefühl, bringt Erfolg

Magnesit

schenkt Klarheit, bewahrt vor Enttäuschung

Moldawit

weckt Entschlussfreudigkeit, hilft, zu vertrauen

Mondstein

inspiriert zu zärtlicher Liebe

Nephrit

schenkt Entschlossenheit und Unternehmungslust

Onyx

schenkt Geduld und Langmut

Opal

öffnet den Blick und den Geist für Schönheit

Perle

hilft, Furcht zu überwinden

Perlmutt

weckt verborgenes Wissen, schenkt Geduld, gibt Kraft und neuen Mut

Quarz

schützt vor schlechten Einflüssen und negativer Energie

Rhodochrosit
hilft bei Erschöpfung

Rhodonit
bringt verbrauchte Energie zurück, stärkt die körperliche Belastbarkeit

Rosenquarz
stärkt Liebe und Mitgefühl, hilft bei mangelnder Selbstdisziplin

Roter Jaspis
weckt den Sinn für die Schönheit aller Dinge

Selenit
schützt vor unberechtigten Schuldgefühlen, hilft, die Vergangenheit loszulassen

Sodalith
besänftigt und lässt Zorn verrauchen

Staurolith
schenkt Zuversicht, beseitigt Zweifel

Thulit
verschafft neue Kraft, weckt Energie und Unternehmungslust

Tigerauge
schenkt Mut, weckt Ehrgeiz

Topas

verschafft Willenskraft, hilft bei Unsicherheit

Türkis

schützt vor bösen Geistern und schlechten Einflüssen, bewahrt vor Ängsten, schenkt neue Hoffnung.

Turmalin (grün)

bewahrt vor Enttäuschung

Turmalin (rosa)

schenkt Kreativität

Turmalin (schwarz)

hilft gegen Ruhelosigkeit

Zitrin

schützt vor Alpträumen

Traumkissen und Zaubersäckchen

Sie haben in der Zaubertradition schon immer Verwendung gefunden. Man findet sie auf der ganzen Welt: bei den australischen Aborigines, den amerikanischen Indianern, in afrikanischen Voodoo-Gemeinden und in den meisten europäischen Kulturen. Deshalb solltest auch du dir dein eigenes Beutelchen füllen. Überlege genau, wobei es dir behilflich sein, welche Gaben es dir schenken soll. Wähle die Dinge genau aus, die du hineingibst, denn entsprechend wird das Zaubersäckchen seine Macht entfalten. Es kann Gesundheit, Glück und Schutz schenken.

Trage es bei dir oder schenke es einem Menschen, der dir viel bedeutet. Diese Person muss es bei sich tragen oder an einem gut sichtbaren Ort platzieren, damit das Zaubersäckchen seine Kraft wirken lassen kann.

Es gibt verschiedene Mittel, den Zauber zu verstärken. Die Farbe des Beutelchens hilft, die darin gebündelten Energien zu vergrößern. Die Wirksamkeit des Säckchens lässt sich auch mit Hilfe von Symbolen intensivieren. So kannst du seine magischen Fähigkeiten in eine von dir ausgewählte Richtung lenken.

Ein besonderer Vorteil der Traumkissen und Zaubersäckchen: Du hast die Möglichkeit, dir immer wieder ein neues zu basteln, ganz gemäß deinen Wünschen und Bedürfnissen. Viel Glück!

Geschichte

Einen Fetisch nannte man eine Zauberformel oder ein Amulett, dem man wegen des darin wohnenden Geistes magische Eigenschaften zuschrieb. Afrikanische Volksstämme verwendeten ganz bestimmte Stein- und Holzfiguren, die angeblich über Zauberkräfte verfügten.

Diese Zutaten kannst du in dein Zaubersäckchen füllen:

Getrocknete Kräuter, Wurzeln, Blätter und Erde sind der Stoff, aus dem die Träume sind. Fülle so viel hinein, dass das Säckchen gut gefüllt, aber nicht zu voll ist. Du sollst es wirklich als Kissen benutzen können. Es wird deine Träume beeinflussen – und dein Leben. Ätherische Öle, die du über Kräuter und Wurzeln träufelst, verstärken die Wirkung des Säckchens noch. Wähle das Öl nach deinen Wünschen und Bedürfnissen aus, auch die Dosierung bleibt dir überlassen. Verlasse dich dabei ganz auf dein Gefühl.

Die kleine Hausapotheke für ein Zaubersäckchen oder Traumkissen:

Gesundheit: *Minze, Hopfen, Löwenzahn, Kürbiskerne, Kiefer*
Liebe: *Myrte, Thymian, Kamille*
Glück: *Anis, Ingwer, Mais, Senfkörner, Zitrone*
Schutz: *Basilikum, Efeu, Johanniskraut, Knoblauch, Lorbeerblatt, Rosmarin, Sandelholz, Salbei, Sonnenblumenkerne, Wacholderbeeren, Weihrauch*
Erfolg: *Eisenkraut, Geissblatt, Zimt*

Geschichte

Die vermeintliche Fähigkeit der Hexen, auf Besen, schwarzen Widdern, Ziegenböcken und anderen Tieren, auf Astgabeln, Eierschalen oder ganz und gar ohne Hilfsmittel durch die Lüfte zu fliegen, bezeichnete man als Hexenflug. Die angeblichen Flugkunststücke wurden in Hexenprozessen immer wieder als Schuldbeweis gegen die Verdächtigen angeführt.

Mit diesen Symbolen lenkst du die magischen Kräfte in eine bestimmte Richtung:

Anker Rettung und Hoffnung

Biene Erfolg

Drache Freude, Gesundheit, das Abwenden von Bösem

Eule Harmonie, Freude

Elefant Kraft, Durchsetzungskraft

Hand Aktivität und Macht

Herz Liebe, Harmonie, Freude

Honig Fruchtbarkeit

Kreuz Glaube

Muschel Schutz

Löwe Gerechtigkeit, Kraft, Unnahbarkeit

Panther seelische Stärke, Klugheit, Erkenntnis

Schlange Ewigkeit, Gesundheit

Taube Friede und Hoffnung

Die Macht der Farben

Geschichte

Farben wurden schon von den alten Ägyptern zur Heilung in ihren Tempeln verwendet. In Indien verbindet man mit Farben die Chakren (die Energiezentren) des Körpers. In vielen alten Kulturen wurde Farbe mit Energie gleichgesetzt, da sie unsere Stimmungen und Gefühle beeinflusst.

Blau Frieden und Heilung

Gelb Segen, Intelligenz

Grün Wachstum

Rot Mut und Glück

Weiß Reinigung, Hoffnung, das Erkennen von Wahrheit

Geschichte

In der Hexenmythologie galt Silber als eines der zauberkräftigsten Edelmetalle. Es wurde mit dem Mond in Verbindung gebracht. Man verwendete es bei vielen Zeremonien und Ritualen, denn man glaubte, es sei rein und unempfindlich gegenüber magischen Einflüssen. Daher eignete es sich besonders gut für den Umgang mit Figuren und Gegenständen, denen man magische Eigenschaften nachsagte.

Beauty, Look, Wellness

Wer kennt das nicht? Endlich hast du dich getraut und deinen absoluten Traumtypen angesprochen. Ihr habt euch verabredet und du bist schon seit Tagen so aufgeregt, dass du kaum einen Bissen runterkriegst.

Und dann ist der große Tag da! Du schaust in den Spiegel und erschrickst: Über Nacht scheinst du dich in eine hässliche Kröte verwandelt zu haben. Die Haare sind fettig, matt, auf deiner Haut sprießen plötzlich hässliche, rote Pickel, deine Lippen sind spröde und rissig! Eines ist klar: So wirst du ihn nicht verzaubern können.

Mit ein paar raffinierten Hexen-Tricks kannst du die kleinen Makel aber ganz schnell verschwinden lassen.

Auch, wenn du kein Date hast: Fühlst du dich wohl in deiner Haut, spüren das auch die Menschen um dich herum. Eine positive Ausstrahlung öffnet Türen, macht vieles einfacher – und sorgt schlicht für gute Laune.

Geschichte

Die Nadelprobe war ein beliebter Test, um herauszufinden, ob eine verdächtigte Person wirklich eine Hexe war. Man stach sie mehrmals mit einem spitzen Werkzeug, um festzustellen, ob an ihrem Körper eine taube, gefühllose Stelle zu finden sei. Eine solche Stelle wurde Teufelsmahl genannt und konnte angeblich nicht bluten.

Allgemeiner Attraktivitätszauber

Du fühlst dich unwohl in deiner Haut und möchtest unbedingt etwas an dir verändern, weißt aber noch nicht so richtig was. Auf jeden Fall findest du, dass du noch wesentlich mehr aus deinem Typ machen könntest. Deshalb hast du beschlossen, einen Attraktivitätszauber zu versuchen, hast aber noch keinerlei Erfahrung mit magischen Ritualen. – Kein Problem: Für Einsteiger gibt es einen äußerst hilfsamen Zauber, der nicht sehr kompliziert, dafür aber wirkungsvoll ist.

Was du brauchst:

einen Stapel Zeitschriften mit vielen Bildern von Menschen, die du attraktiv findest. Verwende jedoch keine Fotos von Menschen, die du kennst.
mehrere Bögen Papier und einen Stift
ein rotes Tuch
mehrere Kerzen, in deiner Lieblingsfarbe und/oder mit deinem Lieblingsduft
eine Schere
Papierkleber
etwas Salz
einen roten Wollfaden

Mache es dir in deinem Zimmer so richtig gemütlich. Stelle ein paar Kerzen auf und zünde sie an. Wichtig ist, dass du an dem Platz, wo du sitzen möchtest, genügend Licht zum Lesen und Schreiben hast.

Lege das Zubehör bereit und denke darüber nach, was für ein Typ du bist, was zu dir passt und wie du das Beste aus dir herausholen kannst.

Wenn du dir darüber im Klaren bist, was du dir wünschst und was auch wirklich etwas mit dir und deinen Voraussetzungen zu tun hat, blättere die Zeitschriften durch und wähle ein Bild aus, das jemanden zeigt, der/die deiner Wunschvorstellung ziemlich nahe kommt.

Hast du ein entsprechendes Bild gefunden, dann schneide es aus und klebe es auf einen Bogen Papier. Schau es dir eine Weile an, lass es auf dich wirken. Projiziere all jene positiven Eigenschaften in dieses Bild hinein, die dir einfallen und die du dir für dich selbst wünschst.

Notiere diese Eigenschaften auf einem Blatt Papier. Falte es dann sorgfältig zusammen und lege es auf das rote Tuch.

Betrachte das Bild, das du dir ausgesucht hast, noch einmal ganz genau. Blicke nun in die Flamme einer Kerze und versuche, alle Gedanken aus deinem Kopf zu verdrängen.

Falte auch dein Wunschfoto zusammen und lege es auf das rote Tuch. Streue etwas Salz darüber. Binde das rote Tuch mit dem Wollfaden fest zusammen und lege es in die oberste Schublade deines Kleiderschrankes.

Innerhalb weniger Tage wirst du merken, dass du dir selbst bewusster wirst und deinem Ideal zunehmend ähnlicher.

Schönheitscreme fürs Gesicht

Du hattest so richtig Party und Spaß mit deinen Freunden. Die Zeit verging wie im Flug – die Nacht war vorbei und du hattest einfach keine Zeit zum Schlafen.

Oder hast du in letzter Zeit vielleicht viel zu viel Zeit in deinem Zimmer gesessen, weil Prüfungen vor der Tür standen und du gar nicht mehr wusstest, wo anfangen mit dem Lernen?

Egal, warum und wieso, niemand wird es merken . . .

Was du brauchst:
fünf gekochte Kartoffeln
eine Tasse Milch
einige Tropfen Olivenöl
eine Zitrone
einen halben Teelöffel süße Sahne
eine weiße Kerze
einen Holzlöffel

Zünde die Kerze an und zeichne mit einem Holzlöffel einen fünfeckigen Stern über die Flamme.

Schneide die Kartoffeln klein und zerdrücke sie in der Milch, bis sich beides zu einem Brei verbunden hat.

Rühre ein paar Tropfen Olivenöl hinzu.

Zerdrücke die Zitrone über dem Gemisch. Dabei musst du sehr vorsichtig sein, es dürfen nämlich nur ein paar Spritzer hineinkommen.

Füge nun auch die süße Sahne bei.

Zeichne mit dem Holzlöffel einen fünfeckigen Stern in den entstandenen Brei und sprich dazu folgende Worte:

»Mit dem geheimen Stern
bringe ich das Licht
und die Energie zurück.«

Reinige dein Gesicht mit einer milden und neutralen Reinigungsmilch. Trage dann das Gemisch auf dein Gesicht auf, achte darauf, dass du es gleichmäßig verteilst.

Der Brei muss fünfzehn Minuten einwirken.

Danach kannst du den Brei mit lauwarmem Wasser wieder abwaschen.

Reibe die Haut mit der Tagescreme ein, die du auch sonst verwendest. Und du wirst feststellen, dass du frisch und erholt aussiehst, mit makellosem Teint.

Geschichte

Jeder Mensch mit schielendem Blick, mit Augenbrauen, die sich über der Nasenwurzel trafen oder einfach nur mit einem hässlichen Äußeren, zog unweigerlich die Aufmerksamkeit der Hexenjäger auf sich. Die Entdeckung von Warzen oder Narben, die zu Teufels- oder Hexenmalen umgedeutet wurden, reichte aus, um diesen Verdacht zu bestätigen.

Glänzendes, volles Haar

Sehen deine Haare stumpf und spröde aus? Du versuchst schon lange, sie wachsen zu lassen, damit du endlich ein paar raffinierte Frisuren ausprobieren kannst? Deine Geduld wurde lange genug auf die Probe gestellt! Für solche Fälle gibt es ein hilfreiches Rezept, das schon die Zigeuner kannten und schätzten.

Was du brauchst:

Rosmarinöl
Mandelöl
Pimentöl

Vermische Rosmarinöl, Mandelöl und Pimentöl und reibe damit morgens und abends deine Kopfhaut ein. Achte darauf, dass du deine Haare regelmäßig nachschneidest.

Zauberpaste für schöne Hände

Jeden Tag träumst du davon, endlich seine Hand in deiner zu spüren. Dein größter Wunsch ist es, ihm zärtlich übers Gesicht zu streicheln ... Versonnen lässt du deine Hand über deine eigene Wange gleiten – und erschrickst!

Jungs stehen nicht auf kratzige Pranken und Dir bleibt zum Glück noch etwas Zeit, deine in sanfte Schmusehände zu verwandeln.

Was du brauchst:

zwei Eier
eine Dose Ananas
einen Teelöffel Apfelessig
eine blaue Schale
einen Holzlöffel

Schlage die beiden Eier auf. Gib das Eigelb in die blaue Schale. Füge vier Esslöffel Ananassaft und einen Teelöffel Apfelessig hinzu.

Rühre das Ganze mit dem Holzlöffel gründlich um. Ziehe sieben Kreise in der Schale. Dabei ist es wichtig, dass du den Löffel in der rechten Hand hältst.

Sprich dabei folgende Worte:

»Magische Sieben, heilende Kraft
du aus dem Ei, du aus dem Saft,
vermischt und verteilt euch, verbindet euch eilig,
macht meine Hände sanft und geschmeidig.«

Creme deine Hände nun großzügig mit der entstandenen Paste ein. Lass das Ganze mindestens dreißig Minuten einwirken, bevor Du sie mit warmem Wasser abspülst. Das Ergebnis wird dich und ihn beeindrucken.

Süßigkeiten können dir nichts mehr anhaben

Du liebst Schokolade, doch leider kannst du einfach nicht mehr damit aufhören, sobald du das erste Stückchen gegessen hast. Doch die Strafe trifft gerade dich immer wieder schlimm: Am nächsten Morgen sieht dein Gesicht aus wie ein frischer Streuselkuchen.

Oder sind Gummibärchen und Bonbons deine Tröster in der Not, haben dir schon über so manchen Liebeskummer hinweggeholfen? Leider sieht man dir das mittlerweile auch an. Schon längst passt du nicht mehr in deine Lieblingsjeans und im Sommer trägst du lieber einen Badeanzug als einen knappen Bikini.

Mit diesem Zauber wird es dir leicht fallen, dich von deinen überflüssigen Pfunden zu trennen!

Was du brauchst:
deine Lieblingssüßigkeit
einen Topf mit Blumenerde
drei Knoblauchzehen

Vergrabe ein Stück Kuchen, einen Riegel Schokolade oder eben deine Lieblings-Süssigkeit, in einem Topf mit Blumenerde.

Lege als Mittel gegen all die Dinge, die du in Zukunft nicht mehr essen willst, drei Knoblauchzehen hinzu und drücke sie tief in die Erde.

Der Knoblauch wird dich von deiner Schwäche für süßes Gift befreien. Wenn eine Pflanze zu sprießen beginnt, wird dein Verlangen nach Süßigkeiten für immer verschwunden sein.

Geschichte

Als »Magischer Kreis« bezeichnete man früher eine sorgfältig markierte runde Fläche, in deren Schutz Zauberer oder Hexen die Dämonen beschwören konnten, ohne sich dabei selbst zu gefährden. Heute wird ein ›Magischer Kreis‹ gezogen, um während eines Rituals in einem abgegrenzten Raum Schutz gegen unerwünschte Störungen und Einflüsse zu finden. Der Kreis sollte immer im Uhrzeigersinn gezogen werden – am besten mit Kreide oder Holzkohle.

Der kleine Zauber für zwischendurch

Es gibt viele Gelegenheiten, bei denen man sich nicht einfach auf sein Glück verlassen möchte, wo man nichts dem Zufall überlassen sollte. Ein wenig zauberhafte Unterstützung kann da nicht schaden.

Es können ganz alltägliche kleine Sorgen sein, die dir auf der Seele lasten. Schließlich soll die Magie das Leben schöner und ein bisschen leichter machen.

Oft ist es richtig, einen Zauber anzuwenden, damit eine Sache, eine Unternehmung, ein Ziel oder ein Wunsch unter einem guten Stern stehen. Träume sind erlaubt und manchmal werden sie auch wahr. Zum Glück kann man dafür etwas tun.

Zauber für eine gelungene und sichere Reise

Endlich ist es soweit! Die schönste Zeit des Jahres steht vor der Tür: die Ferien. Natürlich hast du schon heftiges Reisefieber – obwohl alles ganz genau geplant ist, möchtest du mit einem schnellen, unkomplizierten Zauber dafür sorgen, dass diese Zeit ein voller Erfolg wird.

Was du brauchst:
etwas Waldmoos
ein paar Bögen festes Papier

Streue ein wenig Waldmoos auf den Boden der Reisetasche, die du mitnehmen willst. Hast du mehrere Gepäckstücke, dann verteile das Moos gleichmäßig auf jedes von ihnen.

Decke das Moos mit etwas festem Papier ab und lege dann deine Sachen darüber.

Du wirst feststellen, dass ein Schutzengel mit dir reist.

Geschichte

Der letzte Hexenprozess in Preußen fand 1728 statt, das letzte Todesurteil in Deutschland, ausgesprochen wegen Hexerei, wurde 1775 vollstreckt. Damals wurde Anna Maria Schwägel auf Anweisung des regierenden Abtes Honorius hingerichtet.

Jemandem Unbehagen bereiten, den du nicht leiden kannst

Immer, wenn ihr euch begegnet, gibt es Ärger. Ihr versteht euch einfach nicht, seid von Grund auf unterschiedlich. Hinzu kommt, dass die andere jede nur denkbare Gelegenheit nutzt, um dich zu quälen. Sie stellt dich vor anderen bloß, sorgt dafür, dass alle über dich lachen.

Außerdem hat sie schon häufig Unfrieden gestiftet, indem sie Geschichten über dich erzählt hat, die gar nicht der Wahrheit entsprechen. Daraufhin hattest du deine liebe Mühe, die Missverständnisse wieder auszuräumen, manche deiner Freunde haben sich vielleicht sogar von dir abgewandt.

So kann es nicht weitergehen. Du musst etwas unternehmen. Es ist an der Zeit, dass nicht immer nur *du* diejenige bist, der es schlecht geht. Nun willst *du* dieser Person Unbehagen verschaffen. Dafür ist dieser Zauber hervorragend geeignet.

Nimm eine schwarze Kerze und umwickle sie mit einem Gegenstand, der der ungeliebten Person gehört (ein Haargummi, ein Taschentuch, was immer du dir unbemerkt von ihr verschaffen kannst).

Stelle die Kerze in die Badewanne oder an einen anderen feuersicheren Ort und zünde sie an. Sobald der Gegenstand, der der ungeliebten Person gehört, zu brennen beginnt, wird diese den Zauber zu spüren bekommen. Sie wird zu zittern anfangen und nicht damit aufhören können, bis die Kerze heruntergebrannt ist.

Zauber für ein gutes Gedächtnis und leichtes Lernen

Du hast mal wieder bis zur letzten Sekunde gewartet. Eine wichtige Klassenarbeit oder Prüfung steht vor der Tür und du hast keine Ahnung, wie du in so kurzer Zeit noch alles lernen sollst.

Oder du musst vor einer großen Gruppe etwas vortragen – und willst unbedingt alles richtig machen. Außerdem kennst du dich in dieser Sache wirklich gut aus, hast aber schreckliches Lampenfieber. Was passiert, wenn du im entscheidenden Augenblick plötzlich alles vergisst?

Das darf auf keinen Fall passieren.

***Was du brauchst*:**
eine violette Kerze
einige Salbeiblätter

Die Farbe für harte Arbeit, Ruhm und Glück ist Lila. Zünde eine Kerze in dieser Farbe an. Wichtig ist, dass sie noch nie zuvor gebrannt hat. Sie muss völlig unberührt sein.

Streue die Salbeiblätter in einem Kreis um die brennende Kerze.

Schaue in die Flamme und konzentriere dich auf die vor dir liegende Aufgabe.

Warte, bis die Kerze fast bis zur Hälfte heruntergebrannt ist. Sammle nun die Salbeiblätter wieder ein, halte sie dicht über die Flamme und verbrenne sie vorsichtig. Achte jedoch darauf, dass die Kerze nicht ausgeht.

Wenn alle Blätter verbrannt sind, blase die Kerze aus, nicht ohne noch einmal an die vor dir liegende Aufgabe zu denken.

Du wirst feststellen, dass dir alles, was du versuchst und unternimmst, erstaunlich leicht von der Hand geht. Souverän und ohne jedes Problem meisterst du auch die schwierigsten Aufgaben.

Kleines Lexikon der Magie

Apfel

Der Apfel symbolisiert die Fülle des Lebens, steht sinnbildlich für Liebe, Gesundheit und Fruchtbarkeit.

Asche

Asche steht für Vergänglichkeit. Die Asche der Frauen, die als so genannte Hexen verbrannt wurden, streute man oft in einen Fluss, um zu verhindern, dass sie wieder auferstehen.

Baum

Bäume stehen für die positiven Eigenschaften der Menschen. Sie gelten als Vermittler zwischen Himmel und Erde.

Blei

In der Antike trugen die Menschen ein Amulett aus Blei zum Schutz gegen Verwünschungen und böse Zauber.

Blumen

Blumen symbolisieren Schönheit, Weiblichkeit und Zartheit. Oft werden sie auch als Zeichen der Liebe verwendet.

Buchstaben

Jeder einzelne Buchstabe des Alphabets wehrt Unheil ab und bewahrt Harmonie. Auch das Wort besitzt magische Zauberkraft.

Dreieck

Mit Hilfe des Dreiecks lässt sich alles Böse abwehren. Unglück und Leid werden vertrieben. Zeigt die Spitze des Dreiecks nach oben, symbolisiert es Männlichkeit, zeigt sie nach unten, Weiblichkeit.

Ei

Das Ei ist *das* Fruchtbarkeitssymbol schlechthin. Bei den alten Ägyptern stand es auch für ewiges Leben und Auferstehung.

Farben

Farben haben eine sehr unterschiedliche und zugleich starke magische Bedeutung. Außerdem spiegeln sie die Vielfalt des Lebens wider.

Rot

Sie ist die Farbe der Liebe, bedeutet gleichzeitig auch Leidenschaft, Aggression und Verwundbarkeit.

Blau

die Farbe des Erfolgs

Grün

steht für Hoffnung, ein langes Leben und materiellen Besitz

Gelb

symbolisiert Wohlbefinden und Fülle

Schwarz

ist die Farbe des Schutzes

Weiß

steht für Reinheit und Unschuld

Feuer

Das Feuer vereint völlig gegensätzliche Bedeutungen in sich: Zum einen steht es für Leben spendende Energie, Wärme und Licht, zum anderen für Zerstörung, Bosheit und Krieg.

Gürtel

Er ist ein Symbol der Macht und steht gleichzeitig für die enge Bindung an einen anderen Menschen.

Herz

Es steht sinnbildlich für mystische Liebe. Es bedeutet die innere Mitte des Menschen, das emotionale und spirituelle Zentrum. Im alten Ägypten war das Herz der Sitz des Verstandes des Willens und der Gefühle.

Isis

Diese ägyptische Göttin verkörpert das Weibliche. Sie ist Schöpferin der Sonne, Königin des Himmels, Muttergöttin und Zauberin in einer Person.

Katze

Schon von alters her gelten Katzen als heilige Tiere. Sie stehen für Weiblichkeit, Weisheit und magische Kräfte. Schwarzen Katzen hingegen wird nachgesagt, dass sie Unglück bringen.

Kerzen

Kerzen sind ein sehr wirkungsvolles und häufig verwendetes magisches Hilfsmittel. Dabei wird auf die reinigende Kraft des Feuers gesetzt. Auch die Farben der Kerzen spielen bei vielen Zaubern eine starke unterstützende Rolle.

Knochen

Knochen von Tieren gelten seit alters her als Glücksbringer. In vielen Kulturen wurden und werden sie deshalb als Amulett getragen. Sie stehen für einen starken Willen, verleihen Kraft und Lebensenergie.

Knoten

Gebundene Knoten bewahren vor Trennung und Streit. Sie sind ein starkes Schutzzeichen, stehen für innige Verbundenheit und Treue.

Kreis

Er symbolisiert Erde, Ganzheit und Vollkommenheit, den sich immer wieder erneuernden Kreis des Lebens. Der Kreis steht auch für Geburt und Weiblichkeit. Innerhalb eines Kreises ist man vor negativen Einflüssen und Gefahren geschützt.

Luft

Sie steht für Verknüpfung und Beweglichkeit. Die Menschen auf der Erde werden durch sie mit dem Himmel verbunden.

Mond

Er symbolisiert Werden und Vergehen, Tod und Auferstehung. Er ist auch Symbol für Weiblichkeit und Fruchtbarkeit.

Pentagramm

Das Pentagramm ist ein Schutzsymbol. Es soll böse Götter und Dämonen abwehren. Der fünfzackige Stern wird auch Hexenstern oder Drudenfuß genannt.

Ring

Ein Ring verkörpert Ewigkeit und Verbundenheit und kann demjenigen, der ihn trägt, große Kraft verleihen. Häufig werden Ringe auch als Pendel benutzt. Dafür bindet man sie an einen Faden oder ein Haar. Ihre magische Kraft weist demjenigen, der das Pendel in der Hand hält, den richtigen Weg, hilft, eine Entscheidung zu fällen, die man nicht bereut. Ein Pendel gibt Antwort auf konkret gestellte Fragen zu Dingen, die in der Zukunft liegen.

Salz

Salz bedeutet Lebenskraft. Es wird aber auch als magisches Mittel zur Reinigung von negativer Energie, schädlichen Gedanken und unglücklicher Liebe verwendet. Außerdem ist es ein guter Schutz gegen das Böse.

Sonne

Sie verkörpert Licht, Wärme und Feuer. Seit alters her wird sie als die höchste Gottheit verehrt. Sie bringt Licht in ausweglos scheinende Situationen, dunkle Geheimnisse, schenkt Erkenntnis und klare Gedanken.

Spiegel

Er ist das Symbol der Selbsterkenntnis und des Bewusstseins. Der Spiegel lügt nicht und zeigt viel mehr als nur den äußeren Schein. Er macht die Seele des Betrachters sichtbar und dient als Schutz gegen negative Kräfte.

Yin und Yang

Yin steht für das Weibliche, Yang für das Männliche. Sie symbolisieren Gegensätze, die zusammen ein vollkommenes Ganzes bilden. Als eine Einheit stärken sie die Lebenskräfte und das geistige Gleichgewicht.

Zahlen

Jede einzelne der Zahlen von eins bis zwölf hat eine starke, magische Kraft und ihre eigene Bedeutung. Und jeder Mensch hat seine ganz persönliche Glückszahl:

die Eins

das Absolute, das Ewige, Reinheit und Unschuld.

die Zwei

einerseits:Verdopplung, Gleichgewicht, Verbindung
andererseits: Trennung, Streit

die Drei

Ganzheit, Glaube, Liebe, Hoffnung

die Vier

Ordnung, die Ganzheit der Welt

die Fünf

Liebe, Gesundheit und Natur

die Sechs

die Vereinigung von Himmel und Erde

die Sieben

die magische Zahl schlechthin

die Acht
Neuanfang und Vollendung

die Neun
Vollkommenheit

die Zehn
Harmonie, der geschlossene Kreis

die Elf
das Überwinden von Gegensätzen

die Zwölf
Vollkommenheit, Abgeschlossenheit

Dein persönlicher Hexentest

Bist du eine gute Hexe? Ein wirklicher Magier?

Du bist sicher, dass du den »Sechsten Sinn« hast? Es ist dir schon oft passiert, dass du etwas geträumt hast, das dann auch wirklich eingetreten ist? Bei manchen Menschen hast du schon nach kürzester Zeit das Gefühl, sie ewig zu kennen oder kannst du sie vielleicht durch deine pure Willenskraft zu deinen Gunsten manipulieren ?

Hier kannst du feststellen, wie viel wirklich dran ist, an deinen magischen Fähigkeiten, wie groß deine Begabung zur Hexe, zum Magier ist.

Sollte das Ergebnis des Tests nicht zu deiner Zufriedenheit ausfallen, lass dich davon auf keinen Fall entmutigen. Die Geheimnisse der Magie sind tief, aber erforschbar. Sollte dein Ergebnis positiv ausfallen, lass dich nicht zu unvorsichtigem und unüberlegtem Handeln hinreißen. Mit Zauberkräften ist nicht zu spaßen.

Prüfe dich selbst

Wird der erste Eindruck, den du von einem Menschen hast, später meist bestätigt?

ja	5 Punkte
nein	2 Punkte

Hast du schon mal von etwas geträumt, das später dann auch wirklich eingetreten ist?

ja	5 Punkte
nein	0 Punkte
manchmal	1 Punkt

Lässt du dich, wenn du eine Entscheidung fällen musst, von deinen Gefühlen oder vom Verstand leiten?

von den Gefühlen	8 Punkte
vom Verstand	3 Punkte

Hast du Entscheidungen, die du ganz spontan getroffen hast, oft im Nachhinein bereut?

ja	0 Punkte
nein	8 Punkte
manchmal	5 Punkte

Passiert es dir häufig, dass Dinge geschehen, an die du in diesem Moment gedacht hast oder die du dir gewünscht hast (z.B.: Das Telefon klingelt und dein Freund ist am Apparat)?

ja	5 Punkte
nein	2 Punkte
manchmal	3 Punkte

Kannst du dich an deine Träume erinnern, wenn du morgens aufwachst?

ja	4 Punkte
nein	0 Punkte
manchmal	1 Punkt

Fühlst du eine enge Verbundenheit mit der Natur und den vier Elementen Feuer, Wasser, Luft und Erde?

ja	3 Punkte
nein	1 Punkt

Gelingt es dir, dich mit deinen Freunden auch ohne Worte zu verständigen?

ja	4 Punkte
nein	2 Punkte
manchmal	3 Punkte

Neigst du zu Tagträumen, hast viel Fantasie?

ja	6 Punkte
nein	3 Punkte
manchmal	2 Punkte

Immer, wenn Vollmond ist, überkommt dich eine innere Unruhe und du kannst nicht schlafen.

ja	6 Punkte
nein	0 Punkte
manchmal	2 Punkte

Wenn du irgendwo eine brennende Kerze siehst, fühlst du dich von ihrer Flamme nahezu unwiderstehlich angezogen.

ja	4 Punkte
nein	2 Punkte

Testauswertung

Mehr als 50 Punkte:

Du hast beste Voraussetzungen

Herzlichen Glückwunsch! Du vertraust auf deine innere Stimme und bist damit gut beraten. Auch im Umgang mit anderen Menschen täuscht dich dein Gefühl selten. Du besitzt eine ausgesprochen gute Menschenkenntnis und verfügst über magische Gaben, die noch verbessert werden können.

25 bis 50 Punkte:

Die Richtung stimmt

Du befindest dich auf dem richtigen Weg, doch du bist oft noch zu unentschlossen. Meistens fühlst du dich hin- und hergerissen, zwischen dem, was du dir wünschst, und dem, was du aus vernünftigen Überlegungen heraus für richtig hältst. Dadurch wirkst du auf andere Menschen planlos. Das schafft Verwirrung, bringt manchmal Ärger mit sich.

unter 25 Punkte

Du wirst von deinem Verstand beherrscht

Du bist ein durch und durch vernünftiger Mensch. Entscheidungen triffst du mit dem Kopf und nicht mit dem Bauch. Nur logische und sachlich nachvollziehbare Gründe zählen für dich. Mit Hokuspokus hast du nicht viel zu tun. Das ist schade, denn dadurch gehen dir wertvolle Erfahrungen verloren.

Auf andere Menschen wirkst du manchmal schroff und kühl. Es fällt dir schwer, dich anderen Menschen zu öffnen. Der Gedanke, verletzbar zu sein, ist dir unerträglich. Deshalb schätzt du die Distanz.

Magische Daten

31. März

Das Fest der Mondgöttin

Hexen beten den Mond an und erflehen sich von ihm Gesundheit, Reichtum und Weisheit. Die Chinesen und Europäer buken ihm zu Ehren Mondkuchen und die Vollmonde galten als Feiertage.

Dreizehnmal ist innerhalb eines Jahres ein Vollmond am Himmel zu bewundern. Dies ist ein Grund dafür, weshalb die Zahl Dreizehn eine starke, magische Bedeutung hat – und eigentlich eine Glückszahl ist. Noch heute wird dem Mond nachgesagt, dass er bereits vorhandene magische Kräfte verstärkt. Außerdem nimmt er großen Einfluss auf Empfängnis, Menstruation, Fruchtbarkeit, die Gezeiten, das Wetter und Geburtstermine.

30. April

Beltain (keltisch)/Walpurgisnacht

Dieses Hexenfest – als Beltain oder Beltane bekannt, ebenso als Maienabend oder als Walpurgisnacht – besitzt eine uralte Tradition. Es ist ein Feiertag, an welchem den sinnlichen Genüssen gehuldigt wurde – und wird.

Die Hexen trafen sich auf den Bergkuppen, tanzten und gaben sich der ungezügelten Wollust hin. Die dabei gezeugten Kinder wurden Söhne und Töchter Pans oder Cernunos genannt.

Man glaubte, dass die Erde die sexuelle Energie in sich aufsauge, um so die Fruchtbarkeit des Korns und der Tiere zu erhöhen.

21. Juni

Sommersonnenwende/Johannistag

Die Erde hat den Zenit ihrer Reise um die Sonne erreicht. Von nun an werden die Tage wieder kürzer. Dieser Tag ist ein ausgezeichneter Zeitpunkt für Wünsche und Weissagungen, ganz besonders, wenn es um die Liebe geht.

24. Juni

Tag der Glücksgöttin

Die Glücksgöttin Fortuna beherrscht alle Zufälligkeiten des Lebens. Hexen zünden deshalb an diesem Tag eine grüne oder orange Kerze an, um Fortuna um ihre magische Unterstützung zu bitten und sie gnädig zu stimmen.

3. August

Lammasfest

Das Lammasfest ist ein Tag des Überflusses und eine Art Erntedankfest der Hexen. Auf dem Feld sind nun die ersten Früchte reif. Das Lammasfest ist ein hoher Hexenfeiertag und wird an reich gedeckten Tafeln üppig und ausgelassen begangen.

31.Oktober

Samhainfest/Halloween

An diesem Tag wird das Samhainfest begangen. Es ist eines der größten Hexenfeste überhaupt: die Neujahrsnacht des Mondjahres. Die Hexen verabschieden das alte Jahr und bedanken sich bei den großen Mächten für deren Beistand und Wohlwollen. Gegenstände, die für Rituale verwendet werden, werden an diesem Tag geweiht, neue Hexen erhalten ihre Initiation. Es wird der Verstorbenen gedacht wie auch der Vergänglichkeit allen menschlichen Lebens.

16. November

Das Fest der Hekate

In der Nacht vom 16. auf den 17. November wird Hekate, Göttin der Weisheit, der Magie und der Prophezeiungen gehuldigt. Hexen verehren sie tief. Hekate darf auf keinen Fall beleidigt werden, denn sie ist sehr nachtragend. Die von ihr bevorzugten Orte sind Wegkreuzungen – ein Symbol für Entscheidung und Veränderung. Um Hekate zu ehren, werden ihr in dieser Nacht Speisen dargebracht.

Geschichte

Es heißt, dass eine Bitte, die bei Neumond des Neuen Jahres ausgesprochen wird, in Erfüllung geht. Auch der erste Vollmond des Jahres soll Wünsche erfüllen: Sie werden wahr, noch ehe das Jahr vorüber ist.

Hexencharts:

Musik zum Hexen, Tanzen, Träumen und Kuscheln für dich!

Anjali: Sheer Witchery

CD, 1999 BEGGARS BANQUET/CONNECTED

Wilde, ungezügelte Klänge, kombiniert mit Wave-Sound. Die Texte bestehen aus Teilen alter, magischer Voodoo-Riten.

Switchblade Symphonie: Witches

Titel aus der CD: ZILLO Mystic Sounds 8.

Gut tanzbarer, sehr abwechslungsreicher Gothic-Sampler.

Auch zu bestellen bei: ZILLO Musik Magazin, Bahndamm 9, 23617 Stockelsdorf.

Wumpscut: Hexentanz

Titel aus der CD: Wumpscut: Boeses junges Fleisch.

NOVA TEKK MEDIA DESTRIBUTION, 1999 Beton Kopf Media.

Eher krasse Texte, nichts für Sensibelchen oder Weicheier, ähnlich wie Rammstein. Sehr gut tanzbar!

Discowalküren: Walküren

Titel aus der CD: Deejay Tribe 2.

NOVA TEKK MEDIA DESTRIBUTION, 1999 Beton Kopf Media.

Schneller Power-Discosound mit Techno-Elementen.

Hagalaz Runedance: Urd – That which was

CD und Picture Disc, 1999.

Schöner, mystischer Folk zum Meditieren, Träumen, Nachdenken.

Sixth Comm: Recoil

CD, 1999.

Neo-Folk; die Band beschäftigt sich schon lange mit Schamanismus, Runenmagie und dem Nordischen Göttertum.

Die Wappen des Thodt: Seven

CD, 1999.

Mischung aus Neo-Folk, Klassik und Dark Wave.

In Extremo: Verehrt und angespien

CD, 1999. EFA, Falcone Musikverlag.

Wilde Mittelalterklänge kombiniert mit Heavy Metal.

Subway to Sally: Hochzeit

CD, BMG 1999.

Harte, düstere mittelalterliche Texte in neuem Sound verpackt.

Alle Tipps und Angaben sind ohne Gewähr.
Falls du in den »normalen« Läden mal nicht fündig wirst, diese CD's kann man auch alle bequem per Post bestellen bei:

Nuclear Blast GmbH
Oeschstrasse 40
73072 Donzdorf

Hexenfilmtipps:

Schon wieder ist Wochenende: Du und deine Freunde, ihr wollt einen Film ausleihen, der euch wohlig-gruselige Schauer über den Rücken jagt? Gesehen und für gut befunden:

Blair Witch Project

Low Budget-Film, USA, 1999
Drei Filmstudenten verirren sich in den endlosen Wäldern von Maryland, als sie einen Dokumentarfilm über die »Hexe von Blair« drehen wollen, die dort wirklich einmal gelebt haben soll. Zunächst sind sie bester Laune, doch dann verlieren sie die Orientierung, die Nerven, – dann den Verstand.

Schlechte Kameraeinstellungen und schlechter Ton, weil es ein Dokumentarfilm sein soll. Mehr psychologischer Horror als blutige Bilder. DER Kino-Überraschungserfolg des Jahres 1999.

Der Hexenclub

USA, 1996

Die Freundinnen Nancy, Bonnie und Rochelle glauben fest daran, Hexen zu sein. Als sie Sarah in ihren Kreis aufnehmen, wird der Traum wahr: Zusammen verfügen sie über übernatürliche Kräfte und können sich alle Wünsche erfüllen. Aber schon bald müssen sie feststellen, dass alles seinen Preis hat.

Thriller im Stil von Beverly Hills 90210.

Die Hexen von Eastwick

USA, 1987

Der Teufel in Gestalt von Daryl van Horne lässt sich in einer Kleinstadt nieder und wird dort von drei schönen Frauen umgarnt, bis diesen dämmert, wer er wirklich ist.

Witzig-chaotische Komödie.

Hexenjagd in L.A.

USA, 1991

1948 nimmt der Privatdetektiv Lovecraft den Auftrag an, das gefährliche »Necronomicon« (Buch der Schatten) gegen gute Bezahlung für einen gewissen Hackenshaw zu besorgen, der damit alle bösen Mächte heraufbeschwören will.

Der Hexentöter von Blackmoor

GB, 1969

England 1685: Richter Jeffreys lässt das Mädchen Alicia zu Unrecht als Hexe verhaften und auf dem Scheiterhaufen verbrennen. Alicias Schwester Mary und eine Gruppe junger Rebellen üben Rache für diese grausame Tat.

Teilweise etwas konfuse Story, aber allein schon Alt-Horrormeister Vincent Price in der Hauptrolle des fiesen Richters ist sehenswert!

Hexenserientipps:

Auch in Fernsehserien treiben Hexen ihr Unwesen, Serien dieser Art die zur Zeit noch laufen, sind:

Charmed/Zauberhafte Schwestern

Drei bildhübsche Schwestern werden durch ihre Zauberkräfte im ständigen Kampf gegen das Böse zusammengeschweißt.

Gute Trickeffekte, manchmal für die frühe Sendezeit etwas zu brutal.

Läuft Sonntagnachmittag auf PRO7. Der Roman zur Serie ist erschienen bei vgs verlagsgesellschaft, Gertrudenstraße 30 – 36, 50667 Köln, siehe hierzu auch bei den **Lesetipps** auf Seite **103**.

Sabrina

Der Junghexe Sabrina hat viele eher alltägliche Teenie-Probleme. Sie hilft sich selbst und wird außerdem von ihrer sprechenden, schwarzen Katze unterstützt.

Läuft am Wochenende nachmittags auf SAT 1. Harmloser Familienspaß: Nett, witzig und kindgerecht.

Hexen-Internetsurftipps:

Moderne Hexen sind schon seit geraumer Zeit im Internet vertreten. Auf zahlreichen Homepages stellen sie ihr umfangreiches Wissen vor, geben Ratschläge, verweisen auf Homepages von Gleichgesinnten – eine sehr hilfreiche Angelegenheit, wenn du in Sachen Zauber und Magie noch Anfängerin bist – aber auch für Profis eine Quelle der Inspiration:

Diese Seiten sind interessant, wenn du surfen willst:

www.hexe.org
Sanatans Hexenseiten. Hier erfährt man, warum und wie Sanatan die Hexenkunst ausübt, Zauberspüche unter den Rubriken Magie und Liebeszauber, Links, Büchertipps, Treffs, Feiertage. Es gibt ein Hexenboard, wo man Gleichgesinnten Fragen stellen und Kontakte knüpfen kann.

www.boudicca.de
Diese Homepage ist am umfangreichsten, wenn man bestimmte Infos sucht, z.B. unter Stichwort. Die Themensammlungen in der Rubrik Datenbank lassen sich direkt anklicken, auch mit Chat und Gästebuch.

www.onlinesoft.de/hexen/wiccas.htm
Mit den Icons: Hexenküche, Handlesen, Magie (mit Zaubersprüchen!), Hexen-Lebensart, Fußreflexzonen-Massage und Kontakt.

www.esoterik.com/liebeszauber
Sehr bunte, mit schönen Bildern aufwändig gestaltete Seiten, die Infos zu den Themen Liebeszauber, Aphrodisiaka, Kerzenzauber, Mondrituale, Voodoo, Büchertipp und Chat anbieten.

www.klammeraffe.org/~brandy/hexengarten/index.html

Eher für erfahrene Hexen geeignet! So legt man einen richtigen Hexengarten mit magischen Pflanzen an, Alraune, Schierling, Tollkirsche und Stechapfel gehören dazu.

www.tarot.de

Homepage von Hajo Banzhaf, der als Autor bereits mehrere Tarotbücher bei Goldmann veröffentlicht hat.

Spannend wie das Horoskop in der Zeitung: Jeden Tag kannst du deine neue Tages-Tarotkarte ziehen.

www.hugin.de

Runen werden ausführlich erklärt und vorgestellt.

http://members.xoom.com/magic@shop/home.html

Sorgen- und Zauberpuppen für magische Rituale können hier direkt bestellt werden.

www.mehndi-tempel.com

Mehndi-Bemalung und Henna-Painting. Hier erfahrt ihr Interessantes zum Thema »Körperkunst« und könnt euch viele Symbole dieses Buches genauer anschauen.

Schönen keltischen Schmuck aus verschiedenen Materialien findest du unter:

www.irish-shop.de: »Schmuck« anklicken.

www.metal-box.de/schmuck.htm

Meredith's Lesetipps:

Möchtest du gerne einen spannenden Hexenthriller lesen oder noch mehr Rezepte ausprobieren? Dann versuch's doch mal mit einem von diesen Büchern:

Clive Barker: Das Haus der verschwundenen Jahre

Heyne, 1998, 12,90 DM, ISBN 3-453-13100-2

Im verzauberten Ferienhaus des Mister Hood werden Kindern nicht nur alle Wünsche erfüllt, sondern sie können dort auch jeden Tag alle vier Jahreszeiten und Weihnachten erleben. Zuerst ist Harvey begeistert, doch als ihm die Flucht gelingt, merkt er, dass er einunddreißig Jahre und nicht einunddreißig Tage dort gefangen war. Er beschließt, sich zu rächen, Mister Hood zu vernichten, die verlorene Zeit zurückzuholen und die anderen Kinder zu befreien ...

Kein harter Horror, eher ein schrecklich-schönes Märchen für Erwachsene.

Joe Donnelly: Blutfelsen

Knaur, Taschenbuch, 1992, 16,90 DM, ISBN 3-426-60000-5

Der Journalist Nick Ryan kehrt nach langer Abwesenheit in seine Heimat Arden in Schottland zurück. Eine Hexe prophezeit ihm und seinen beiden Jugendfreunden Barbara und Colin, dass nur sie drei gemeinsam das dunkle Geheimnis eines riesigen magischen Felsens ergründen können. Er wird von einem grausamen Dämon bewohnt. Die drei Freunde müssen schnell handeln, denn eine Welle aus Chaos, Blut und Gewalt droht die Stadt zu vernichten.

Absolute Hochspannung, viele skurrile Figuren, eine Liebesgeschichte und oft sogar witzig.

Torsten Dewi: Charmed – Zauberhafte Schwestern – Hexenpower

vgs verlagsgesellschaft, gebunden, 1999, 19,90 DM, ISBN 3-8025-2709-7

Nach dem Tod ihrer Großmutter finden die drei Schwestern Prue, Piper und Phoebe das »Buch der Schatten«, das in ihnen Zauberkräfte weckt, die ihnen bis dahin noch völlig unbekannt waren.

Diese neuen Kräfte helfen ihnen im Kampf gegen einen heimtückischen Serienkiller, der selbst ein gefährlicher Zauberer ist.

Das spannende Buch zur erfolgreichen PRO7-Serie, ein Muss für jeden Fan!

Drabble, Margaret: Die Hexe von Exmoor

Rowohlt, Taschenbuch, 1998, 16,90 DM, ISBN 3-499-22232-9

Spannender Roman mit düsterer Atmosphäre, der im mittelalterlichen England spielt.

Voodoo, Lou: Voodoo für Einsteiger

Achterbahn, 1999, 29,80DM, ISBN 3-89719-045-1

Witzig geschriebene Anleitung für Voodoo-Neueinsteiger. Mitgeliefert wird eine grüne Puppe für gute oder schlechte Wünsche mit Nadeln zum Ausprobieren. Ob es wirklich was bewirkt, muss man selbst herausfinden!

Dunwich, Gerina: Das 1 x 1 der Hexenkunst

mvg-Paperback, 1999, 16,90 DM, ISBN 3-478-08613-2

Alles über Kräuter, Träume, Magie, Schamanismus.

Beissel von Gymnich, Jeanette: Aldikadabra. Magische Rezepturen aus dem Supermarkt.

Zeitgeist, 1999, 14,80 DM, ISBN 3-926224-17-7

Zauberrezepte rund um die Liebe und andere Themen. Der Name ist Programm: Alle Zutaten kann man ganz einfach im Supermarkt kaufen!

Rascher, Petra: Bodypainting – Das große Buch der Zeichen und Symbole

vgs verlagsgesellschaft, 1999, 29,80 DM, ISBN 3-8025-1397-5

Die Körperkünstlerin Petra Rascher gibt Informationen über Herkunft und Hintergründe charakteristischer Symbole aus verschiedenen Kulturkreisen. Hier findet ihr filigrane Mehndis nach indischer Tradition, keltische Flechtwerke oder japanische Kanjis. Das Buch beinhaltet mehr als 200 Vorlagen zum Kopieren oder Nachmalen für Henna-Paintings, Tattoos, Make-up etc.
Petra Rascher hat seit 1997 ein Studio für Henna-Painting, den *Mehndi-Tempel.* Neben individuell zugeschnittener Mehndi-Bemalung bietet sie in ihrem Studio auch Workshops zum Erlernen von Henna-Paintings an und betreibt einen Versandhandel mit allem, was man für die Mehndi-Kunst braucht.

Adresse:
Petra Rascher Mehndi-Tempel Gertrudenstr. 2 20095 Hamburg Tel: 040 / 30 39 98 11
Fax: 040 / 33 88 71
e-mail: info@mehndi-tempel.com
internet: www.mehndi-tempel.com

Die meisten der im Buch abgebildeten Symbole stammen von Petra Rascher.

Torsten Dewi

Charmed – Zauberhafte Schwestern

Hexenpower
Roman

Sie sind drei Schwestern, wie sie unterschiedlicher nicht sein könnten: Die toughe Prue ist auf dem besten Weg, eine erfolgreiche Geschäftsfrau zu werden; die eher introvertierte Piper glänzt als Köchin in einem Luxusrestaurant; und Nesthäkchen Phoebe genießt das Leben – und vor allem die Männer – in vollen Zügen . . .
Nach dem Tod ihrer Großmutter stoßen die drei in ihrer alten viktorianischen Villa in San Francisco auf das geheimnisvolle "Buch der Schatten", das ihr Leben nachhaltig verändern wird.
Nach und nach eröffnet sich den Schwestern ein unglaubliches Geheimnis: Sie sind Hexen, deren Bestimmung es ist, ihre magischen Kräfte im Kampf gegen das Böse zu vereinen!

vgs verlagsgesellschaft, Köln

Brandon Alexander

Charmed – Zauberhafte Schwestern

Schwarze Küsse
Roman

Sylvester, Mitternacht, ein mysteriöser Fremder – für Prue Halliwell beginnt das Neue Jahr mit einem leidenschaftlichen Kuss, der jedoch fatale Folgen nach sich zieht. Kaum ist das "Mitternachts-Phantom" verschwunden, verspürt die junge Frau den unstillbaren Drang, sich über alle Männer herzumachen, die ihr über den Weg laufen. Anfangs finden ihre Schwestern Phoebe und Piper das noch lustig, aber als die Geküssten dann reihenweise im Krankenhaus landen, steht für die Halliwell-Schwestern fest: Hier ist schwarzer Zauber am Werk. Und so etwas lassen die zauberhaften Hexen natürlich nicht mit sich machen.

vgs verlagsgesellschaft, Köln

F. Goldsborough

Charmed – Zauberhafte Schwestern

Purpurne Küsse
Roman

Keine Zauberer, keine Dämonen und auch keine Geister – das Hexenleben der Haliwell-Schwestern scheint Pause zu machen. Erleichtert widmen sich die drei jungen Frauen ihren neuen Freundschaften: Phoebe verliebt sich in den Karatekämpfer Kenji, Prue findet in der weißen Hexe Adrienne eine Seelenverwandte, und Piper hat die Aufsicht über zwei unbändige Teenager übernommen.

Was die Schwestern allerdings nicht ahnen: eine teuflische Sekte, die selbst vor dem Tod nicht zurückschreckt, hat es darauf abgesehen, ihnen ihre magischen Kräfte zu rauben. Zu diesem Zweck hat sich eines der Sektenmitglieder als Freund in ihr Leben geschlichen. Doch wer ist der falsche Freund? Ein Kampf auf Leben und Tod beginnt.

vgs verlagsgesellschaft, Köln

Buffy –
Im Bann der Dämonen

Seit Menschengedenken treiben sie ihr Unwesen im Verborgenen – Vampire, Dämonen, unheilvolle Mächte. Doch in jeder Generation gibt es eine Jägerin, deren Aufgabe es ist, diese Höllenbrut zu bekämpfen. Aber warum musste dieser Job ausgerechnet Buffy zufallen, einer jungen, hübschen und – auf den ersten Blick – ganz normalen Schülerin?

Craig Shaw Gardner
Buffy –
Im Bann der Dämonen
Verschwörung der Druiden
Roman

Keith R. A. DeCandido
Buffy –
Im Bann der Dämonen
Xander – Auf Liebe und Tod
Roman

Christopher Golden/Nancy Holder
Buffy –
Im Bann der Dämonen
Die Diener des Bösen

Diana G. Gallagher
Buffy –
Im Bann der Dämonen
Der Gott der Finsternis

Elisabeth Massie
Buffy –
Im Bann der Dämonen
Unheimliche Schwestern
Roman

Richie Tankersley
Buffy –
Im Bann der Dämonen
Die Angel Chroniken III
Roman

vgs verlagsgesellschaft, Köln